Le chocolat à toutes les sauces

Mille et une découvertes gourmandes

Arion bénéficie du soutien de la Société de développement des entreprises culturelles du Québec (SODEC) pour son programme d'édition. Nous reconnaissons l'aide financière du gouvernement du Canada par l'entremise du *Programme d'aide au développement de l'industrie de l'édition (PADIÉ)* pour nos activités d'édition. Nous remercions le Conseil des Arts du Canada de l'aide accordée à notre programme de publication. Gouvernement du Québec *Programme de crédit d'impôt pour l'édition de livres* Gestion SODEC.

Catalogage avant publication de la Bibliothèque nationale du Canada.

Breau, Linda, 1964 -

     Le chocolat à toutes les sauces
     Mille et une découvertes gourmandes
     (Arion Pratique)
     ISBN 2-921493-91-8
     1.   . 2. . I. Titre. II. Collection.
BL624.R52 2004   204'.4   C2004-941056-3

Éditeurs :
Arion Éditions
102, Ch. Tour du lac CP 4366
Lac Beauport (Québec) G0A 2C0
Tél. : (418) 841-0266 Fax. : (418) 841-3562
arion@ccapcable.com
www.arionediteur.ca

Conception graphique : Bussières communications
Mise en pages : Bussières communications

Dépôt Légal : Bibliothèque nationale du Canada,
               Bibliothèque nationale du Québec, 2004
ISBN : 2-921493-91-8
Imprimé au Canada.

LINDA BREAU

Le chocolat à toutes les sauces

Mille et une découvertes gourmandes

Éditions Arion

Table des matières

Introduction

Il y a sans doute, à saisir entre ses doigts un chocolat, un plaisir qui n'est pas sans évoquer celui que l'on prend à tâter le grain d'une belle étoffe ou la courbe d'une sculpture.

ALAIN CHAPEL, GRAND CHEF

Certains lui vouent un véritable culte. D'autres lui attribuent des vertus étonnantes. Quelques inconditionnels ne peuvent imaginer la vie sans le consommer. Le chocolat est manifestement roi au royaume du monde des saveurs…

Joyau vénéré des anciens, comme ont pu l'être l'or, la mire et l'encens, le chocolat demeure encore aujourd'hui un produit de convoitise qui soulève désir, passion et volupté. Et bien qu'il soit synonyme de plaisir gourmand, le chocolat nourrit le cœur et l'âme bien avant de gaver l'estomac. C'est pourquoi il fait partie des délices qui ravissent l'imaginaire des petits comme celui des grands, autant des nobles que des truands…

La force, c'est de pouvoir casser une barre de chocolat en quatre et de n'en manger qu'un carré.

JUDITH VIORST

La simple évocation du chocolat fait renaître des souvenirs dans tous les imaginaires. Pour quelques-uns, ils remonteront de l'enfance où, une tablette de chocolat en main, il était possible de se réconcilier avec l'univers entier, après un gros chagrin.

Pour d'aucuns, ce seront des images somptueuses qui referont surface, des instants où le plaisir se présentait comme un allié du désir... Et pour la plupart d'entre nous, le chocolat est un synonyme d'acte de plaisir comestible, où les sens sont en état d'alerte. Le plaisir du croquant sous la dent, l'onctuosité de la matière qui fond sous le palais, la douceur moelleuse de la bouchée qui glisse, au fond de la gorge, laissant exploser toutes les nuances de la poudre et du beurre de cacao...

D'abord dégusté comme breuvage par les premiers amateurs de cacao, le chocolat s'est raffiné au fil du temps, devenant une friandise convoitée, puis s'est vu utilisé comme ingrédient de base, en cuisine, servant à la préparation de desserts somptueux et côtoyant même d'autres aliments, de temps à autre.

*Chaque jour, je mange les quatre éléments nutritifs
indispensables à la santé : du chocolat au lait, du chocolat
noir, du chocolat blanc et du cacao.*

DEBRA TRACY

Mais le chocolat n'a pas toujours été qu'un plaisir gustatif, et nous assistons aujourd'hui au juste retour du balancier. Alors qu'à l'époque de sa découverte, au temps des Mayas et des Incas, il servait principalement, sous sa forme de fève, d'outil de transaction en tant que monnaie, il reprend de plus en plus aujourd'hui sa fonction d'agent utilitaire par sa grande diversité d'utilisation.

En effet, non seulement consommons-nous aujourd'hui le chocolat de mille et une façons, toutes plus ingénieuses et délicieuses les unes que les autres, mais nous l'utilisons, c'est le cas de le dire, à toutes les sauces. Il agit comme ingrédient actif de traitement et de beauté en cosmétologie, en plus d'être exploité dans les stations balnéaires pour ses effets curatifs, il pimente certains jeux sexuels et devient, à l'occasion, objet d'art, pour le délice de nos yeux, pour le plaisir de notre regard…

Si seulement Christophe Colomb avait su!

Son histoire

ORIGINE

Bien avant de devenir ce morceau qui croque sous notre dent et qui fond dans notre bouche, le chocolat est avant tout cacao. Évidemment, notre esprit vagabonde immédiatement vers des images de poudre, brune et légère, mais le cacao commence à prendre vie sur un arbre appelé le cacaoyer, et sa forme, à l'origine, rappelle celle du café puisque c'est en fève qu'il se présente à nous dès le début… des grappes de fèves, emprisonnées à l'intérieur de la cabosse, le fruit qui pend au cacaoyer.

Selon une certaine légende aztèque, c'est à *Quetzalcoatl*, un dieu de la forêt, que l'on doit l'arbre *cacahuaquchtl*, communément appelé cacaoyer. Les puissances divines conféraient certaines vertus à cet arbre, dont celles de donner force et fortune.

> *La fève de cacao est un phénomène que la nature n'a pas répété. On n'a jamais trouvé autant de qualités réunies dans un si petit fruit.*
>
> ALEXANDER VON HUMBOLDT,
> EXPLORATEUR DU XVIIIE SIÈCLE

Magnifique arbre originaire des forêts tropicales d'Amérique centrale, le cacaoyer est cultivé depuis plus de 3 000 ans. Ce sont les Mayas qui, les premiers, s'intéressèrent à son fruit et sa fève et les cultivèrent.

L'envahissement du territoire indien des Mayas par les Aztèques, dans la seconde moitié du XVe siècle, donne à la fève de cacao sa vocation économique, puisqu'elle commença à servir de forme de monnaie dans les échanges commerciaux et lors des transactions du quotidien.

C'est probablement la première utilisation connue de la fève du cacaoyer, celle de tribut, bien avant que ces peuples ne réalisent quelles étaient ses propriétés alimentaires. Chez les Mayas et les Aztèques, cette fève à l'état brut représentait une forme de monnaie d'échange notamment pour le paiement des impôts et les achats d'esclaves. Ainsi, 100 fèves permettaient d'acheter un esclave.

*Aztèques préparant le "xocolatl": les fèves de cacao sont
torréfiés, broyées puis mélangées à de l'eau et à des épices
pour doner un liquide mousseux (Olfert Dapper, "Die
unbekannte Neue Welt").*

Cette forme de monnaie d'échange possédait certains
avantages dont celui de combattre l'avarice. En effet, il
semblait impossible de cumuler ce tribut en l'enfouissant
pour le cacher, puisque cela provoquait sa perte par
décomposition. Pour cela, la fève de cacao fut longtemps
surnommée, à cette époque, « l'argent béni ».

Le chocolat est, plutôt que le nectar ou l'ambroisie, la vraie nourriture des dieux.

JOSEPH BACHOT

Il semble difficile de déterminer comment le fruit du cacaoyer passa de tribut à denrée. Certaines légendes attribuent à un événement accidentel la découverte des propriétés nutritives de la fève de cacao. Il semblerait, en effet, que les fèves furent jetées par inadvertance au feu et que c'est le parfum dégagé par ces fèves, en brûlant, qui donna l'idée de les consommer.

À cette époque, les peuples qui firent les premières tentatives de transformation de la fève de cacao l'appréciaient principalement lorsqu'elle était consommée sous forme de breuvage, autrefois appelé « *chocolatl* » (eau amère). Ce breuvage, préparé à l'aide de fèves de cacao (cacahuatl) grillées et broyées sur des pierres brûlantes, ne semblait cependant pas très inspirant. Il fallait, au départ, chauffer la pâte ainsi obtenue avant de la mélanger à une certaine quantité d'eau.

Aimez le chocolat à fond, sans complexe ni fausse honte, car rappelez-vous : « sans un grain de folie, il n'est point d'homme raisonnable ».

La Rochefoucauld

De plus, afin de la rendre plus agréable au goût, les Aztèques ajoutaient à la pâte, ainsi diluée, des épices et des parfums comme du poivre, de la cannelle, de l'anis et d'autres épices, à l'occasion. Cette boisson était reconnue comme hautement nourrissante, fortifiante et aphrodisiaque.

On dénombre, aujourd'hui, une vingtaine d'espèces de cacaoyers, qui sont généralement divisés en deux groupes distincts, mais néanmoins complémentaires : les cacaoyers qui produisent du cacao de qualité supérieure et qui poussent surtout en Amérique du Sud, et les cacaoyers qui donnent un assez bon rendement, mais dont le cacao, de qualité plutôt ordinaire, se voit surtout destiné à l'industrie alimentaire. Cette qualité de cacao provient de l'Afrique.

Sa fabrication

LES ÉTAPES

Du fruit à la fève

Nourriture des dieux chez les Mayas, le fruit du cacaoyer s'est métamorphosé, au fil des siècles, grâce au génie de l'homme.

En effet, ce n'est qu'après une longue et difficile série de transformations et d'assemblages que les fèves de cacao, retirées de la cabosse du cacaoyer, sont devenues le chocolat que nous dégustons aujourd'hui avec bonheur.

19

Le chocolat est ruine, bonheur, plaisir, amour, extase, fantaisie...

ELAINE SHERMAN

Le fruit qui pousse sur le cacaoyer est appelé cabosse. C'est en fait une baie qui mesure près de 30 cm de long sur quelque 7 à 13 cm de large. Le processus de mûrissement du fruit transforme sa surface lisse en la faisant durcir et changer de couleur, devenant jaune, rouge ou de différents tons de vert, selon l'espèce du cacaoyer. Ces cabosses, que l'on arrive à recueillir à l'aide d'un couteau, renferment une pulpe qui abrite de 30 à 40 graines roses ou pourpre pâle, communément appelées fèves de cacao, desquelles émergera la précieuse poudre, quelques étapes plus tard.

Cacaotier ou Cacoyer

Prenez du chocolat afin que les plus méchantes compagnies vous paraissent bonnes.

MADAME DE SÉVIGNÉ

Ces graines peuvent mesurer jusqu'à 2,5 cm de large et sont composées d'une amande, d'un tégument et d'un germe. Seules les amandes sont consommées, et cela uniquement après leur avoir fait subir un certain traitement qui vient à bout de leur amertume. Le procédé de transformation comporte encore plusieurs étapes. Ainsi, après avoir cultivé la fève, il est essentiel de la traiter, de la transformer, afin de la voir devenir comestible.

Torréfaction

Les fèves de cacao ne font pas que s'apparenter par leur forme à celles du café, elles subissent elles aussi une torréfaction. En effet, les fèves sont rôties dans de grosses sphères métalliques qui sont animées d'un mouvement rotatif. Le degré de torréfaction varie selon la qualité désirée du chocolat et l'opération doit être surveillée en permanence. La torréfaction des fèves de cacao en développe grandement l'arôme.

> *À la Création, Dieu créa le chocolat et s'aperçut que c'était bon. Il a ensuite séparé le noir du blanc, et ce fut meilleur.*
>
> AUTEUR INCONNU

Concassage

Les fèves de cacao sont ensuite transférées dans un moulin mécanique où elles se font littéralement concasser, après une période de refroidissement. À cette étape, les fèves sont réduites en menus morceaux, puis sont séparées selon leur grosseur par des tamis.

Chocolat! Voilà bien un mot qui évoque des extases indescriptibles. Est-il un homme, une femme ou un enfant qui n'en a pas désiré, qui n'en a pas dévoré et qui, l'instant d'après, n'a pas rêvé d'en dévorer encore?

ELAINE GONZALES

De la fève au chocolat

Après l'étape de transformation de la fève de cacao, il faut procéder encore à d'autres manipulations en vue de voir cette fève devenir cacao et chocolat.

Mouture

L'étape appelée mouture consiste à insérer les fèves, déjà concassées, dans des moulins à cacao qui verront à les broyer. Contenant plus de 50 % de matières grasses sous forme de beurre de cacao, les fèves sortent alors de l'étape de broyage sous l'aspect d'une pâte somme toute assez fluide.

Cette pâte de cacao, qui peut être transformée soit en poudre de cacao ou encore en chocolat, contient, en plus de son 50 % de matières grasses, 14 % de matières protéiques et environ 4 % d'amidon.

---

*Le chocolat nous rend pervers, il éveille en nous la culpabilité,
il nous pousse au péché, il nous donne la santé, il nous rend
chic et heureux.*

ELAINE SHERMAN

Elle contient également de la caféine ainsi que des principes tanniques qui lui donnent sa couleur foncée.

Lorsque cette pâte se destine à devenir du chocolat, on y incorpore divers aliments. Le chocolat lisse et onctueux que nous connaissons et apprécions tant s'obtient par l'ajout, à la pâte, de lait, de sucre et de beurre de cacao.

Fabrication du chocolat

La fabrication du chocolat est un art complexe, car le sucre et le cacao ont des propriétés physiques dissemblables. Cela rend alors difficile l'obtention d'une pâte homogène, provenant du mélange de ces deux ingrédients. De plus, l'homogénéité de la pâte ne relève pas uniquement de ce facteur.

Malaxage

Plusieurs étapes doivent, en effet, être franchies afin d'affiner la texture de cette pâte. Elle commence par être incorporée aux autres matières premières, comme le sucre et les produits laitiers. Réunis dans un pétrin, tous ces ingrédients ainsi malaxés finissent par prendre la forme d'une pâte homogène.

---

*La vie est comme le chocolat, c'est l'amer
qui fait apprécier le sucre.*

Xavier Brébion

Broyage

Cependant, le mélange des produits de base n'a rien d'un produit fini. En fait, cette pâte doit être ramenée à un mélange très fin pour ne pas que la texture, en bouche, puisse déceler les particules solides de la pâte. Pour ainsi diminuer le grain, il faut avoir recours à l'étape du broyage. La pâte se retrouve soumise à un ingénieux processus, broyant par rotation et par pression les derniers granules de la fève qui risqueraient de rendre désagréable l'expérience gustative de l'amateur de chocolat, si les granules étaient encore décelables dans la texture chocolatée.

Cette étape permet de diminuer la granulométrie, transformant ainsi une pâte grossière en un mélange lisse et doux pour le palais.

Conchage

L'étape suivante consiste à rendre encore plus onctueux le mélange obtenu par broyage. Par un processus dit de conchage, qui permettra l'homogénéisation du produit, la pâte subira de nouvelles transformations sur une période qui peut s'étendre sur 12 à 48 heures, selon les résultats de qualité recherchés.

*Le chocolat est paradisiaque, sensuel, profond, sombre,
sompteux, gratifiant. C'est la chute, le bonheur, le plaisir,
l'amour, l'extase, l'imagination... Le chocolat nous rend
méchants, coupables, pêcheurs, sains, élégants et heureux...*

ELAINE SHERMAN

Dans un premier temps, c'est le conchage à sec qui fait subir aux particules broyées les moins lubrifiées d'importantes frictions, ce qui provoque un échauffement. Cette opération devient très importante pour la qualité de viscosité de la masse. La durée du conchage influence le velouté et le moelleux du chocolat. Ainsi, plus cette opération dure longtemps et plus lisse et onctueuse sera la substance obtenue, comme quoi les indices de qualité sont souvent synonymes du temps consacré à la tâche...

En second lieu, le conchage liquide ajoute à la masse du beurre de cacao, tout au long du cycle. Le chocolat sera ainsi plus onctueux. Le travail de la conche provoque une élévation de la température. Afin de la maintenir constante, de l'eau froide circule dans la double enveloppe de la conche.

Tempérage

Lorsque l'étape du conchage prend fin, le chocolat s'apprête à subir une nouvelle modification par la cristallisation, afin de le faire passer de l'état liquide à l'état solide. Voilà l'étape qui fait naître le chocolat tel qu'on le connaît, sous forme de matière solide. C'est un cycle de température très bien calculé qui favorise la cristallisation fine et stable du beurre de cacao.

Une idée, c'est comme un pain au chocolat. Il faut la laisser refroidir pour voir si elle est vraiment bonne.

SERGE UZZA

Moulage

L'étape finale consiste à faire passer le chocolat ainsi tempéré dans une « trémie perceuse » qui se chargera, de façon automatisée, de distribuer le divin mélange dans les moules choisis. Pour certaines entreprises plus artisanales, cette étape est réalisée manuellement.

Afin de libérer les bulles d'air qui pourraient rester emprisonnées dans les moules, on les secoue de façon continue par un procédé appelé tapotage. Le chocolat se trouve ainsi bien réparti dans le moule, qui sera placé dans un réservoir frigorifique. Le chocolat, lorsque refroidi, peut ainsi être démoulé et emballé, afin d'être distribué pour le plus grand plaisir des gourmands!

> *Chaque jour, je mange les quatre éléments nutritifs indispensables à la santé: du chocolat au lait, du chocolat noir, du chocolat blanc et du cacao.*
>
> DEBRA TRACY

LES COMPOSANTES

Sa valeur nutritionnelle

La valeur nutritionnelle de ce précieux aliment peut se décortiquer par proportion. En considérant la consommation d'une tablette de chocolat noir de 100 grammes, les différentes composantes énergétiques contenues se répartissent comme suit :

Énergie :	515 kcal/100 grammes
Protéines :	4,5 g /100 grammes
Glucides :	57,8 g /100 grammes
Lipides :	30 g /100 grammes
Fer :	2,9 mg /100 grammes
Magnésium :	112 mg /100 grammes
Calcium :	50 mg /100 grammes
Sodium :	15 mg /100 grammes
Potassium :	365 mg /100 grammes
Phosphore :	173 mg /100 grammes

Les noix ne font que prendre la place d'où le chocolat devrait se trouver.

AUTEUR INCONNU

LES VARIÉTÉS

Pour mieux les différencier

Il existe divers produits chocolatiers définis selon leur teneur en cacao et les ingrédients qu'on leur ajoute. C'est la proportion de chaque élément qui déterminera la couleur du chocolat. La réglementation des appellations, en fonction de leur composition, relève des gouvernements. Ainsi, chaque pays édicte ses normes.

Malgré la très grande panoplie de produits dérivés du chocolat, il existe, à la base, trois uniques variétés de chocolat:

- Le chocolat noir

- Le chocolat au lait

- Le chocolat blanc
  - le chocolat noir ou fondant peut contenir jusqu'à 70 % de cacao.
  - le chocolat au lait contient une part importante de poudre de lait.

- le chocolat blanc ne gardera du cacao que son beurre, ajouté au sucre et lait en poudre.

Si j'étais directeur d'école, je me débarrasserais du professeur
d'histoire et je le remplacerais par un professeur de chocolat;
mes élèves étudieraient au moins un sujet qui les concerne tous.

ROALD DAHL

Le plus bénéfique de tous les chocolats s'avère être, sans contredit, le chocolat noir. Il contient un taux très élevé de cacao, qui lui possède de nombreuses propriétés bienfaitrices pour la santé. De plus, il ne contient pas de cholestérol.

Le **chocolat noir** se retrouve sous différentes formes, classables selon le pourcentage de cacao et de sucre qu'elles contiennent. Sous l'étiquette chocolat noir, nous retrouvons le **chocolat amer** et le **chocolat mi-sucré**; ils contiennent entre 35 % et 70 % de pâte de cacao, ainsi que du beurre de cacao, du sucre et parfois des émulsifiants. Ces chocolats se mangent nature ou s'utilisent en cuisine. Le chocolat noir, dont la quantité de cacao tourne autour de 60 % à 70 %, est considéré comme bénéfique sur le plan nutritionnel.

Le **chocolat au lait,** contrairement au chocolat noir, renferme une certaine quantité de poudre de lait, ce qui lui confère une couleur beaucoup plus pâle que le chocolat noir. Du sucre et des aromates, telle que la vanille, sont mélangés au beurre de cacao; ce qui donne du chocolat de saveur douce et de texture onctueuse. Cette variété plus crémeuse ne doit cependant pas être utilisée en cuisine, car les solides du lait qu'elle contient risquent de brûler à la cuisson.

Le chocolat est bien évidemment la matière dont sont faits les rêves. Des rêves riches, noirs, soyeux et doux qui troublent les sens et éveillent les passions.

JUDITH OLNEY

Le **chocolat blanc,** lui, est exempt de masse de chocolat, soit le mélange à base de poudre de cacao qui colore le chocolat noir et le chocolat au lait. Il est fait à partir de beurre de cacao, auquel on incorpore du lait concentré ou du lait en poudre, du sucre et de l'essence de vanille. Ce chocolat a une saveur plus douce et une texture plus crémeuse que le chocolat brun. Il est peu utilisé en confiserie.

Il ne faudrait pas oublier la base du chocolat, c'est-à-dire la pâte de cacao, provenant de la masse de chocolat solidifiée, sans addition de sucre ou de solides du lait. On l'utilise chez les chocolatiers et les confiseurs pour la cuisson, car elle est facilement maniable et réagit bien à la chaleur. Cependant, il faut s'en douter, sa saveur chocolatée non sucrée demeure très amère. Ainsi considère-t-on cette base non comestible tel quel.

Ses nombreuses vertus

Le chocolat : un aliment en soi

---

*Les aliments sombres comme le café, le chocolat, les truffes,
sont souvent associés à des notions comme l'enthousiasme et le
luxe. Ces substances sombres et étranges doivent être très
anciennes et chargées de sens.*

MARGARETH VISSER

UN ALIMENT COMPLET

Pour certains, le chocolat ne représente qu'une friandise, une confiserie que l'on consomme par gourmandise et qui nous amène à nous sentir coupable de l'avoir dévorée.

Mais pour d'autres, le chocolat est beaucoup plus que ça. Certains le considèrent comme un aliment à part entière, puisqu'en plus de renfermer différents minéraux et vitamines, il contient les trois catégories des substances organiques soit les glucides, les lipides et les protéines végétales.

« Il y a deux sortes d'individus dans ce monde : ceux qui aiment le chocolat, et les communistes. »

LESLIE MOAK MURRAY DANS « MURRAY'S LAW »
BANDE DESSINNÉE

LES PROPRIÉTÉS DU CHOCOLAT

Bon au goût
Bon pour tout

Le chocolat possède plusieurs caractéristiques qui le rendent intéressant pour notre santé. Outre ses composantes protéiniques, il déborde d'atouts nutritionnels et contient des substances chimiques qui interfèrent positivement dans notre métabolisme.

VERTUS MÉDICINALES

Bon pour le cœur

Depuis longtemps, le rôle que jouent les substances antioxydantes dans la prévention de plusieurs maladies n'est plus à démontrer. Différents oxydants sont présents dans la poudre de cacao tel que le cuivre, dont les propriétés antitumorales agissent sur notre système naturel d'anti-radicaux libres.

Le chocolat est le moyen utilisé par la nature pour compenser les lundis.

AUTEUR INCONNU

Un autre antioxydant important, contenu dans la poudre de cacao, est l'épicatéchine, un des tanins de la famille des flavonoïdes. Les effets antioxydants de ce tanin, par ces propriétés antioncogènes, agissent à titre préventif pour certaines maladies cancéreuses comme le cancer du sein et de la prostate.

De plus, ses propriétés anti-ischémiques protègent des infarctus et des embolies. En effet, la consommation de chocolat noir provoque des modifications immunitaires positives pour le cœur, puisque les flavonoïdes ont pour mission de relaxer les vaisseaux sanguins et de réduire la coagulation du sang : deux fonctions salutaires qui viennent réduire le risque de thrombose.

De ce fait, les flavonoïdes contenus dans la poudre de cacao transforment littéralement le chocolat noir en un aliment régulateur de bon cholestérol. En effet, la poudre de cacao recèle une quantité importante de flavonoïdes, ces pigments qui agissent comme antioxydants puissants et qui empêchent la formation du mauvais cholestérol dans le sang.

Les flavonoïdes présents dans le cacao luttent contre la formation des plaquettes sanguines jouant un rôle dans certaines affections cardiaques reconnues. On retrouve également les flavonoïdes dans le thé, le vin rouge, les tomates et les bleuets, autant d'aliments dont la consommation est reconnue pour empêcher la formation du mauvais cholestérol dans le sang.

> *Le chocolat est non seulement agréable au goût, c'est également un merveilleux baume pour la bouche.*
>
> STEPHANI BLANCARDI

Puis, il ne faut pas négliger non plus la présence, dans le chocolat, des polyphénols, d'autres antioxydants qui protègent la paroi des vaisseaux sanguins.

Bien entendu, certains détracteurs diront que le chocolat, même noir, n'est pas uniquement constitué de poudre de cacao. Heureusement! Car son goût serait fort discutable! Le chocolat tel que nous le consommons est composé de poudre de caco, de sucre et de gras. En ce nouveau siècle où les spécialistes de l'alimentation nous mettent constamment en garde contre la consommation, même prudente, de la plupart des gras, les termes beurre de cacao, acide stéarique, acide oléique et acide palmique ont de quoi nous faire sourciller. Cependant, il est important de départager les bons gras des mauvais.

Ainsi, l'acide oléique est un acide gras monoinsaturé considéré, par les spécialistes de l'alimentation, comme un gras bénéfique pour la santé. Il est également présent dans l'huile d'olive.

L'acide stéarique est un acide gras saturé, mais il est rapidement transformé, dans le foie, en acide oléique.

Le chocolat plonge des êtres par ailleurs normaux dans d'étranges états extatiques.

JOHN WEST

Le seul bémol reposerait sur l'acide palmitique, un acide gras saturé que l'on retrouve principalement dans la composition des margarines, et qui apparaît dans la liste des ingrédients du chocolat que nous consommons.

Comme la plupart des propriétés nutritives importantes du chocolat se retrouvent dans la poudre de cacao, la consommation de chocolat noir est largement préférable à celle du chocolat au lait ou pire, du chocolat blanc. Il faut savoir que le chocolat noir est composé de 30 % de poudre de cacao, alors que le chocolat au lait n'en possède que 10 %. Quant au chocolat blanc, friandise s'il en est une, il est composé de beurre de cacao, de lait, de sucre et de vanille uniquement. Aucune trace de poudre de cacao!

D'autres aliments ne sont que nourriture.
Mais le chocolat est chocolat.

PATRICK SKENE CATLING

VERTUS ÉNERGÉTIQUES ET NUTRITIVES

Bon pour le corps

Le chocolat noir contient un lot d'éléments nutritifs appréciables qui comblent les besoins du corps humain. Il contient entre autres :

- **Des glucides**
  - qui confèrent, au chocolat, un statut d'aliment stimulant. En effet, la teneur en glucides rapides facilement assimilables font du chocolat un produit tonique très intéressant. De plus, les acides gras présents dans le beurre de cacao se voient assimilés plus lentement par l'organisme. Ceci permet de couvrir à long terme les besoins caloriques de l'organisme.

- **Des protéines**
  - procurant aux consommateurs de chocolat les huit acides aminés indispensables à leur équilibre alimentaire au quotidien.

---

*Le chocolat nous rend pervers, il éveille en nous la culpabilité,
il nous pousse au péché, il nous donne la santé, il nous rend
chic et heureux.*

[ELAINE SHERMAN]

- **Des lipides**
  - dans le beurre de cacao, qui stimulent la baisse du taux de cholestérol dans le sang.

- **Des fibres**
  - qui veillent à régulariser le transit intestinal. Il est intéressant de noter que 100 grammes de chocolat noir contiennent la même quantité de fibres que 100 grammes de pain de blé entier.

Il regorge également de minéraux non négligeables dont :

- **Du potassium**
  - qui se veut un apport intéressant pour les sportifs, en intervenant dans l'excitabilité musculaire et dans le métabolisme cardiaque.

- **Du magnésium**
  - qui favorise l'équilibre nerveux. Une carence en magnésium peut provoquer l'anxiété, la fatigue, l'insomnie et la constipation.

- **Du calcium**
  - qui joue un rôle important dans la formation des os et des dents.

- **Du phosphore**
  - qui, combiné au calcium, constitue la trame osseuse du squelette humain.

- **Du fer**
  - qui augmente la résistance de l'organisme au stress et à la maladie. Il semble également ralentir le processus de vieillissement et demeure essentiel à la formation de l'hémoglobine.

- **Du cuivre**
  - qui est nécessaire à l'absorption du fer.

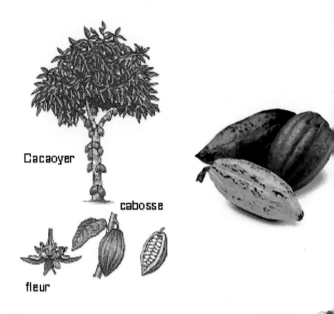

Cacaoyer

cabosse

fleur

43

De temps en temps je me dis, vas-y fort, et mange du chocolat.

CLAUDIA SCHIFFER

La poudre de cacao, qui est un ingrédient de base servant à la fabrication du chocolat noir, agit également de façon positive sur la santé du cœur, par la présence des flavonoïdes.

De même, certaines substances chimiques, présentes dans le chocolat, provoquent des effets psychostimulants positifs et importants dans notre système. Il s'agit de:

- **La théobromine**
  - un alcaloïde agissant comme stimulant sur le système nerveux central et cardiaque, et qui facilite le travail musculaire. C'est également un excitant de l'appétit.

- **La caféine**
  - un alcaloïde dont les effets sont tonifiants. Il permet d'augmenter la résistance du système à la fatigue, stimule l'activité intellectuelle et accroît la vigilance.

> *Ce que vous voyez devant vous, mon ami, est le résultat d'une vie remplie de chocolat.*
>
> KATHERINE HEPBURN

- **La phényl-éthylamine**
  - qui augmente l'activité des neurotransmetteurs du cerveau. Cette substance psychostimulante est considérée comme un antidépresseur végétal qui, de plus, favorise la concentration et l'éveil.

- **La sérotonine**
  - un neurotransmetteur qui joue également un rôle d'antidépresseur.

- **L'anandamine**
  - Qui produirait, sur le cerveau, des effets semblables à ceux du canabis.

- **Les endorphines**
  - qui procurent une sensation de bien-être presque immédiate.

Enfin, le chocolat noir contribue au maintien d'une bonne santé dentaire. Qui l'eut cru! Cela est dû à la présence, dans le chocolat noir, de certains éléments anticarie comme :

- **Le fluor**
  - qui renforce l'émail des dents tout en protégeant de la carie.

- **Les phosphates**
  - qui ont comme fonction d'attaquer les acides formés par les sucres.

- **Le polyhydroxyphénol**
  - qui vient stopper le développement des microbes responsables de la carie.

Ce n'est pas que le chocolat soit un substitut à l'amour.
L'amour est un substitut au chocolat. Le chocolat est, soyons
francs, beaucoup plus fiable qu'un homme.

MIRANDA INGRAM

SES VERTUS APHRODISIAQUES

Le chocolat, cette huitième merveille, plonge ses amoureux dans un voyage qui ramène vers les sens, aux sources même du plaisir de la découverte. L'envoûtement olfactif est assuré et ce n'est pas un hasard si l'on prête à cet aliment des vertus aphrodisiaques.

C'est depuis le début de sa consommation par les Mayas et les Aztèques que le chocolat porte cette étiquette de denrée aphrodisiaque. D'abord consommé en breuvage, le produit était apprécié par un bon nombre de grands hommes qui voyaient, en ce nectar, un excitant sexuel. Ainsi, l'empereur aztèque *Moctezuma*, selon la légende, en buvait de façon considérable, jusqu'à cinquante tasses par jour afin, justifiait-il, d'avoir « accès » aux femmes. Sous sa forme solide, le chocolat possède les mêmes vertus empreintes de promesses… séductrices! On raconte que *Casanova*, ce célèbre tombeur de femmes, en mangeait tous les soirs avant de se mettre au lit.

---

*Indépendamment où vous êtes,
le chocolat est toujours du chocolat.*

SANNA BLOM

Certaines expériences en laboratoire ont permis aux scientifiques de vérifier les effets du chocolat sur l'attitude sexuelle des rats. Ainsi, l'administration de phényl-éthylamine (PEA) transforme le comportement de ces rongeurs, qui manifestent alors un besoin copulatoire. Rien n'arrive à prouver, cependant, que la phényl-éthylamine contenue dans le chocolat provoque les mêmes réactions chez les humains…

En fait, il semblerait que ce soit plutôt une combinaison de substances chimiques, présentes à l'intérieur du chocolat, qui donnerait à cet aliment ses vertus aphrodisiaques. La phényl-éthylamine (PEA), en interaction avec la caféine, la théobromine et les acides aminés du chocolat stimule certaines zones du cerveau, comme arrivent à le faire les amphétamines. Cette explication, plus terre à terre, vient jeter un peu de lumière sur l'origine de l'étiquette aphrodisiaque rattachée à la consommation du chocolat.

Le caramel n'est qu'une mode.
Le chocolat est une chose permanente.

MILTON SNAVELY HERSHEY (1857-1945) FONDATEUR DE HERSHEY
CHOCOLATE CO 1903

SES VERTUS ANTISTRESS

Les sels minéraux contenus dans le chocolat font de ce délice un agent antistress par excellence. C'est la présence de magnésium, de potassium et de phosphore qui contribuent à rendre le chocolat aussi bon pour notre équilibre nerveux. Tous ces minéraux que l'on retrouve dans le chocolat font de ce produit un aliment de consommation régénérateur pour les activités intellectuelles.

AUTRES VERTUS

Vertus psychiques : antidépresseur

Le chocolat consommé procure non seulement un sentiment de plaisir à celui qui le déguste, mais il apporte certains suppléments qui viennent également nourrir le psychique. Ainsi, le chocolat est maintenant reconnu comme ayant des effets sur l'humeur, éloignant même son consommateur des affres de la dépression. Cela peut paraître énorme comme affirmation, mais il semble bien que le chocolat possède ce qu'il faut pour cela, puisque sa consommation engendre une sécrétion de peptides opiacés cérébraux.

Le chocolat coûte moins cher qu'une thérapie et vous n'avez pas besoin de rendez-vous.

AUTEUR INCONNU

On note également que son apport en glucides améliore les performances intellectuelles et rétablit la motivation, jugée essentielle à une bonne santé psychique. La perte de motivation est souvent un des symptômes instigateurs de la dépression.

De plus, le chocolat contient un antidépresseur végétal, appelé phényl-éthylamine, qui contribue à la bonne santé psychique de ses fidèles consommateurs.

Il y a finalement les endorphines qui, actives dans le chocolat, procurent une sensation de bien-être presque immédiate, dès la consommation. Ajoutons à cela que la dégustation de chocolat est une source de plaisir, de bonheur et de contentement; ce qui favorise la bonne humeur essentielle à l'équilibre psychique de tout individu. En effet, qui n'a pas ressenti une seule fois, dans sa vie, les effets bénéfiques provoqués par la consommation d'une tablette de chocolat? Tous les sens en éveil favorisent le plaisir de sa consommation: le goût, par sa saveur onctueuse; l'odorat, par son arôme chocolaté; et le toucher, à travers l'onctuosité du morceau qu'on dépose sur la langue…. Hummm!

> *L'amour est tout ce dont j'ai besoin, mais un peu de chocolat*
> *de temps en temps ne peut pas nuire.*
>
> Lucy Van Pelt, Charlie Brown, de Charles M. Schulz

Des vertus… de toute nature!

Les propriétés conférées au chocolat sont répertoriées depuis le tout début de sa consommation, et certaines, rapportées au fil du temps, peuvent nous surprendre. Ainsi, quelques vertus thérapeutiques du cacao sont évoquées dans un traité médical publié en 1579, le *Bref traité de Médecine*, d'**Augustin Farfan**. On y relate, entre autres, que deux fèves de cacao grillées et bien moulues peuvent servir à guérir les gerçures de la pointe des seins, malaise relié à l'allaitement maternel.

De plus, on y note que le chocolat, lorsqu'il est consommé très chaud, peut devenir un très bon purgatif. Enfin, le traité spécifie qu'il favorise l'élimination des calculs rénaux.

Le chocolat savait déjà faire parler de lui!

Les soins chocolatés

Merveilleuse nourriture du corps, de l'âme et de l'esprit, le chocolat s'évertue à traiter aussi notre épiderme. Ses bienfaits nourrissent de leur baume notre peau qui, bien souvent, a grand besoin de se faire dorloter…

Plusieurs produits aux extraits de plantes et de fèves naturelles existent déjà, depuis fort longtemps, dans les rangs de l'industrie cosmétologique. C'est depuis peu, cependant, que le chocolat, sous la forme de poudre, de beurre, de lait et de crème, est utilisé afin de traiter l'épiderme des hommes et des femmes.

En effet, depuis quelques années, le chocolat apparaît comme un élément vedette en cosmétologie et en centre de soins. Fort en couleur, en tonus et en vitamines, le chocolat sous toutes ses formes a certainement su charmer les fabricants, avides de nouveaux concepts à exploiter.

> *Il n'y a rien de mieux qu'un bon ami,*
> *sauf un bon ami avec du chocolat.*
>
> LINDA GRAYSON

De plus, certaines institutions thérapeutiques ont entrepris d'utiliser le chocolat comme base de soins enveloppants, en tant que produit de traitement et comme ingrédient de soins spéciaux.

LA COSMÉTOLOGIE

Les principaux fabricants dans l'univers cosmétique des soins du visage et du corps ont compris depuis peu que le chocolat, à partir du cacao, était porteur de propriétés profitables aux petits pots de crème de leur industrie. Les différents produits cosmétiques conçus en utilisant les principes actifs du chocolat n'ont pour seule limite que l'imagination fertile de leurs concepteurs.

Ainsi, il n'est pas surprenant de retrouver le chocolat exploité dans certains produits qui étaient, autrefois, loin de s'associer aux ingrédients consommables comme le chocolat. Il est désormais possible de trouver des crèmes au beurre de cacao pour le corps et le visage, des laits traitants pour le corps à base de cacao, des savons au chocolat noir, des bains moussants au chocolat, des parfums aux essences de chocolat, des baumes au beurre de cacao et, comble de renouveau, des rouges à lèvres au chocolat.

> *Qu'est-ce que la santé? C'est du chocolat!*
>
> ANTHELME BRILLAT-SAVARIN

TRAITEMENTS ET SOINS

Certaines stations balnéaires d'Europe peuvent se vanter d'avoir instauré un nouveau concept de soins, qui risque d'être repris un peu partout, sur les différents continents, d'ici peu. Il s'agit d'une gamme de soins à base de chocolat dont les effets bienfaisants semblent véritablement faire succomber une clientèle gourmande, qui en redemande.

En effet, certains centres de beauté innovateurs proposent un traitement choc, pour revitaliser la mine de leurs clients et clientes, en utilisant rien de moins que le chocolat sous forme de crème. Il est désormais possible de se faire « tartiner » littéralement le visage de chocolat, pour le plus grand bonheur de l'épiderme. Les effets bénéfiques de ce soin sont, entre autres, une amélioration du teint, par les actifs nutritifs du chocolat pour l'épiderme, et une libération des tensions engendrant le stress, par l'action non-négligeable des effets olfactifs du chocolat.

Certains centres offrent même un soin d'enveloppement pour le moins original, puisqu'il se fait à partir d'une crème chocolatée. À base de lait, de crème et de chocolat râpé, la préparation aux parfums enivrants enveloppe le corps et l'esprit en douceur, tout en permettant, par les ingrédients actifs du chocolat, une relaxation musculaire complète.

Mettez « mangez du chocolat » en première place des choses que vous devez faire aujourd'hui. De cette façon, vous aurez au moins une chose de faite.

AUTEUR INCONNU

Un autre soin fort populaire, depuis quelque temps, s'attaque au corps en le traitant par immersion. Le bain au chocolat est un concept qui fait fureur en Suisse et qui est déjà repris ailleurs. C'est dans un jacuzzi d'une capacité de 700 litres que l'être privilégié plonge, question de bénéficier du tonique associé au chocolat. Essentiellement composé de lait, d'eau, d'huile de cacao et de chocolat râpé, cette détente de 30 minutes rend la peau douce et soyeuse et permet une relaxation hors du commun.

Les duos parfaits

Je n'ai jamais rencontré un chocolat que je n'aimais pas.

DEANNA TROI (STAR TREK: THE NEXT GENERATION)

Même s'il nous semble délicieux lorsque grignoté seul, qu'il parvient à nourrir l'âme et qu'il est à lui seul un aliment complet, le chocolat se plaît agréablement en bonne compagnie. C'est pourquoi, au fil des siècles, les hommes et les femmes n'ont pas hésité à le marier à d'autres plaisirs gustatifs, afin de rendre l'expérience de sa consommation encore plus agréable et audacieuse, frisant même parfois l'indécence.

VINS ET CHOCOLAT

Les vertus aphrodisiaques de la combinaison du chocolat avec le vin sont connues et, avouons-le, appréciées! Mais encore faut-il procéder à un mariage heureux entre les deux produits, car l'un risquerait, par sa trop grande force ou puissance, de venir porter ombrage à l'autre, au grand détriment de l'effet recherché. Peu de vins peuvent résister devant la puissance aromatique du chocolat et c'est pourquoi les alliances ne sont pas toujours heureuses.

Les idées devraient être claires, et le chocolat épais.

PROVERBE ESPAGNOL

C'est la puissante structure alcoolique du vin qui soutient la masse du cacao dans le chocolat. Il est question ici, comme en toute chose, d'harmonie. Il semble exister deux grandes règles régissant les accords entre les vins et le chocolat. La première consiste à renforcer les arômes et les textures du chocolat par un vin ayant les mêmes caractéristiques que lui, et l'autre propose d'associer à un chocolat spécifique un vin qui lui apporte les caractéristiques manquantes.

Ainsi, un vin quelque peu oxydé par son vieillissement complète admirablement le chocolat noir croquant. Les chocolats fourrés, eux, se marient aux vins secs comme le chardonnay. Les desserts à base de chocolat, comme le traditionnel gâteau au chocolat confectionné à partir d'un cacao à 60 %, s'harmonisent agréablement avec les vins tanniques qui viennent compenser, autant par leur acidité que par leurs tannins, l'onctuosité et le gras du gâteau. À l'inverse, celui-ci apporte justement la touche moelleuse qui assouplira les tannins du vin.

Regardez, il n'y a aucune métaphysique
sur la terre comme les chocolats.

Fernando Pessoa, poète portugais (1888-1935)

PORTOS ET CHOCOLAT

S'il existe un accord qui remporte du succès, entre nectar et chocolat, c'est bien celui du porto et du chocolat. Au dessert, le porto fait alliance avec le chocolat, principalement le chocolat noir. Mais encore faut-il connaître le porto qui se mariera le plus harmonieusement au chocolat que l'on croque.

Il semblerait qu'entre le tawny et le vintage, le meilleur porto capable de laisser s'éclater les saveurs du chocolat serait le plus foncé et le plus fruité des deux, soit le vintage. Ainsi, à travers cette expérience où la forte teneur en cacao du chocolat noir fait contrepoids à la robustesse de ce nectar, le caractère liquoreux de ce porto vient créer un certain équilibre dans le mariage du sucre du chocolat et le fruité du vintage.

Bonne dégustation!

L'art au goût du chocolat

Certains utilisent l'art pour mettre à profit l'originalité de leur talent, en exploitant cette texture toute particulière qu'est le chocolat.

Différents salons du chocolat, qui se tiennent principalement en Europe, font justement la promotion de l'art... chocolaté. On y retrouve des expositions d'œuvres de tous genres dont l'ingrédient de base est le chocolat; des tableaux, dessins, vêtements, sculptures, et montages sont exposés. Rien n'arrête ces amoureux du carré de chocolat!

Les propriétés spécifiques du chocolat sont exploitées, entre autres, par certains peintres qui utilisent le chocolat liquide pour remplacer la gouache, la peinture ou l'aquarelle.

Je crois avoir effleuré la surface après 20 ans de mariage. Les femmes veulent du chocolat et de la conversation.

MEL GIBSON

Trois couleurs de base sont utilisées et tournent, évidemment, autour des tons de brun foncé, de brun clair et de blanc. Certaines pâtes à glacer ont même été créées, afin de permettre aux artistes créateurs d'allonger les possibilités de création de leur imaginaire.

Le chocolat et l'amour

Le chocolat, produit aphrodisiaque par excellence, agrémente la vie sexuelle de bien des individus de mille et une façons. Ainsi, en plus de pouvoir être partagé lorsqu'il est croqué, il s'avère être un produit de premier choix pour électrifier des nuits torrides de plaisir et de bon goût!

Certains produits comestibles, offerts en boutiques spécialisées, sont fabriqués à base de chocolat. La variété n'a de limites, de nos jours, que celles qui s'installent dans l'imaginaire des créateurs…et des utilisateurs! Voici une gamme d'heureux stimulants pour les passions qui ne demandent qu'à exploser!

La vie sans chocolat est comme une plage sans eau.

AUTEUR INCONNU

JEUX SENSUELS

Crèmes

Les différentes crèmes conçues pour être étendues sur le corps de notre partenaire possèdent certains attributs du chocolat : la substance et le goût.

Comme ces crèmes sont comestibles, il n'y a pas de limites à l'imaginaire…afin de choisir quelle partie du corps on enduit de ce délicieux mélange. Il ne reste qu'à lécher le tout, en prenant soin, toutefois, de ne pas verser dans l'excès, car toute chose chocolatée comporte sa dose de sucre qui peut mener vers les maux de cœur… Ce qui s'éloigne de l'effet recherché, en ce cas-ci!

Poudre

Les poudres pour le corps sont également très inspirantes. À base de chocolat, ces poussières de cacao fort sensuelles se déposent, à l'aide d'une plume d'autruche douce à souhait, sur le corps de notre partenaire.

Une vie sans chocolat est une vie à laquelle manque l'essentiel.

MARCIA COLMAN ET FREDERIC MORTON

Le supplice du chatouillement de la plume légère, conjugué au plaisir olfactif que dégage la poudre, promet de mener au septième ciel les deux partenaires qui choisiront, bien souvent, de terminer le jeu en dégustant le voile voluptueux.

Peinture

Pour les couples créateurs, il existe une variété de peintures comestibles à saveur de chocolat qui comblera les plus audacieux. Après avoir légèrement réchauffé la substance, il suffit de l'appliquer selon ce que votre imagination vous suggère, soit au pinceau ou encore avec les doigts. Certains, plus poètes, pourront pousser l'audace jusqu'à prendre l'initiative d'écrire, sur le corps de leur partenaire, des poèmes de leur cru. Voilà une façon fort originale de déclarer sa flamme à l'heureux élu.

Recettes essentielles

Un des plaisirs que procure le chocolat réside en la multiplicité jouissive que sa matière offre, lorsque vient le temps de le cuisiner. Dans le monde de la friandise et du dessert, le chocolat règne en maître et roi et l'imagination vagabonde, lorsque vient le temps de concocter un nouveau chef-d'œuvre dont l'ingrédient de base sera, bien évidemment, le chocolat!

Mais comme en toute chose, lorsqu'il s'agit de recettes à exécuter, la réussite se cache derrière une bonne préparation, de bons ingrédients, et surtout, une recette infaillible. Voici quelques petites recettes simples et sans prétention, mais dont la richesse du goût chocolaté peut prétendre au succès.

C'est garanti!

TRUFFES FACILES AU CHOCOLAT

Ingrédients

225 g (8 oz ou $^1/_2$ lb) de chocolat sucré de bonne qualité

125 ml (4 oz ou $^1/_2$ tasse) de beurre mou

45 ml (3 c. à soupe) de crème épaisse à la température de la pièce)

Quelques cuillerées de chocolat finement râpé (ou de poudre de cacao)

Préparation

Faire fondre le chocolat doucement au bain-marie sans trop brasser, puis y incorporer graduellement le beurre et la crème.

Bien battre le mélange et le laisser refroidir jusqu'à ce qu'il puisse être manipulé avec les doigts.

Façonner alors le chocolat en boules de la grosseur d'une grosse noix.

Rouler les boules dans le chocolat râpé ou la poudre de cacao, et placer les truffes dans de petits moules de papier doré.

Conserver les truffes au frais.

Note

Travailler le chocolat par temps sec et frais et porter de minces gants de plastique, pour plus d'efficacité.

PETITS MOELLEUX CHOCOLATÉS

Ingrédients

Gâteau

240 g (8 $^1/_2$ oz) de beurre

225 g (8 oz ou $^1/_2$ lb) de chocolat mi-sucré

250 g (9 oz) de sucre

8 œufs

115 g (4 oz ou $^1/_2$ lb) de farine

Crème anglaise

1 l (4 tasses) de lait

300 g (10 oz) de sucre

8 jaunes d'œufs

Préparation

Crème anglaise

Séparer les blancs des jaunes d'œufs et conserver les jaunes pour usage ultérieur.

Fouetter vigoureusement les jaunes d'œufs avec le sucre. *5 m .*

Faire bouillir le lait. Une fois à ébullition, retirer le lait du feu et l'incorporer aux œufs, en brassant constamment avec une cuillère de bois.

Faire refroidir.

Moelleux

Mélanger le sucre et la farine. Ensuite, incorporer les oeufs entiers.

Faire fondre, au bain-marie, le beurre et le chocolat.

Mélanger les deux préparations ensemble sans trop fouetter.

Prendre des petits moules de 5 cm de diamètre x 5 cm de haut (2 po x 2 po).

Les beurrer et les fariner, ensuite les remplir aux trois quarts.

Faire cuire dans un four déjà chaud à 180 °C (350 °F), une dizaine de minutes. Vérifier la cuisson : l'intérieur du gâteau doit rester liquide et l'extérieur doit avoir la consistance d'un gâteau souple.

Démouler délicatement.

Présentation

Verser la crème anglaise dans le fond d'une assiette et poser le moelleux au centre.

Décorer, si désiré, de petits fruits frais.

Note

Vous pouvez remplacer, selon le goût recherché, le chocolat mi-sucré par du chocolat noir ou du chocolat sucré.

FONDUE AU CHOCOLAT

Ingrédients

250 g (9 oz) de chocolat de bonne qualité

125 ml (4 oz ou $^1/_2$ tasse) de crème épaisse (35 %)

30 ml (2 c. à soupe) de kirsch ou de rhum

petits fruits frais

gâteau

Préparation

Couper des fruits frais en petits morceaux.

Tailler, de la même manière, des morceaux de gâteau.

Briser en morceaux le chocolat et le faire fondre dans un bain-marie à feu très doux.

Verser cette sauce dans un récipient à fondue et placer sur un réchaud de table.

Ajouter la crème et le rhum ou le kirsch. Mélanger.

C'est prêt!

Dégustez!

PETITS POTS DE CHOCOLAT AU PORTO

Ingrédients

8 carrés de chocolat noir + 150 gr (5 oz) de chocolat noir râpé.

8 jaunes d'œufs + 4 blancs d'œufs

100 gr de poudre d'amandes (environ 3 oz)

70 gr (5 c. à soupe) de sucre

15 ml (1 c. à soupe) de porto

Préparation

Faire fondre les 150 g de chocolat au bain-marie.

Lorsque le mélange est tiède, l'incorporer à 4 jaunes d'œufs, la farine et la poudre d'amandes.

Dans un autre bol, monter les blancs d'œufs en neige ferme et les incorporer délicatement à la préparation.

Dans 4 ramequins beurrés et farinés, verser la moitié de la préparation. Poser 2 carrés de chocolat au centre de chaque ramequin et recouvrir du reste de la préparation.

Faire cuire au four 15 min environ à 180 °C (350 °F). Surveiller la cuisson afin que le cœur reste moelleux.

Fouetter les 4 jaunes d'œufs restants avec le sucre, jusqu'à blanchiment.

Placer au bain-marie et continuer de fouetter en incorporant le porto, petit à petit.

Retirer du bain-marie lorsque le mélange s'épaissit et mousse. Fouetter 5 min hors du feu.

Démouler les moelleux. Napper du mélange mousseux au porto. Servir sans attendre.

MOUSSE-MINUTE

Ingrédients

115 g (4 oz ou $^1/_2$ tasse) de chocolat

45 g (environ $1^1/_2$ oz) de beurre

5 blancs d'œufs

Préparation

Faire fondre le beurre et le chocolat doucement au bain-marie.

Verser dans un grand bol et réserver.

Séparer les blancs des jaunes d'œufs.

Mettre les blancs d'œufs dans un bol moyen et les battre en neige très ferme.

Mélanger délicatement les blancs battus en neige au beurre et au chocolat.

Servir sans attendre.

* Cette mousse rapide, qui ne demande que quelques minutes de préparation, doit cependant être consommée très rapidement, préférablement dans l'heure qui suit. Sinon, elle perdra sa fermeté.

** Selon le goût recherché, il est possible d'utiliser du chocolat mi-sucré ou sucré, pour la réalisation de cette mousse facile.

GÂTEAU AU CHOCOLAT DE GRAND-MAMAN

Ingrédients

3 jaunes d'œufs

3 blancs d'œufs

170 ml (^{2}/$_3$ de tasse) de beurre ou de margarine ramollie

165 g (^{3}/$_4$ de tasse) de sucre

5 carrés de chocolat mi-sucré fondu

75 g (^{2}/$_3$ de tasse) de farine

65 ml (^{1}/$_4$ de tasse) de lait

110 g (^{1}/$_2$ tasse) d'amandes moulues

3 ml (^{1}/$_2$ c. à thé) d'extrait d amande

Pour le glaçage

5 carrés de chocolat mi-sucré

50 ml (^{1}/$_4$ de tasse) de beurre ou de margarine

50 ml (^{1}/$_4$ de tasse) de lait

250 ml (1 tasse) de sucre à glacer

1 ml (^{1}/$_4$ de c. à thé) d'extrait d'amande

Préparation

Préchauffer le four à 180 °C (350 F).

Battre les blancs d'œufs en neige ferme. Réserver.

Battre le beurre en crème, en ajoutant graduellement le sucre.

Sans cesser de battre, incorporer les jaunes d'œufs et le chocolat.

Incorporer la farine, en alternant avec le lait. Bien mélanger.

Incorporer les amandes moulues et l'extrait d'amande.

Très délicatement, incorporer les blancs d'œufs pour qu'ils soient juste mélangés.

Verser la pâte dans un moule à charnières déjà graissé de 22 cm (9 po) de diamètre.

Faire cuire au four de 35 à 40min. ou jusqu'à ce que qu'un cure-dents inséré au centre en ressorte propre.

Laisser refroidir 10 min. avant de démouler.

Laisser refroidir complètement avant de glacer.

Glaçage

Faire fondre au bain-marie le chocolat et le beurre (ou la margarine).

En brassant, ajouter le lait au mélange fondu.

Ajouter le sucre à glacer et l'extrait d'amande en fouettant légèrement, afin d'obtenir un mélange lisse.

Étaler sur le gâteau.

Décorer, si désiré, le tour du gâteau d'amandes tranchées.

LEXIQUE

ACIDE OLÉIQUE :

Acide gras essentiel non saturé présentant une double liaison et 18 carbones dans sa chaîne.

ACIDE PALMIQUE :

Acide gras saturé à seize atomes de carbone le plus fréquemment rencontré dans les tissus des mammifères.

ACIDE STÉARIQUE :

Se dit d'un acide CH_3-$(CH_2)_{16}$-CO_2H contenu dans les corps gras à l'état de glycéride (stéarine), Très fréquent dans les tissus des mammifères et dans les graisses végétales.

ALCALOÏDE :

Catégorie de substances nitrogènes que l'on trouve dans certaines plantes et qui produisent des effets physiologiques caractéristiques.

AMIDON :

Glucide des végétaux, rencontré sous forme granulaire dans les organes de certaines plantes. La fécule provient des parties souterraines de la plante : l'amidon est tiré des parties aériennes.

ANTIOXIDANT :

Substance capable de neutraliser ou de réduire les dommages causés par les radicaux libres dans l'organisme qui sont responsables de l'oxydation des cellules, phénomène important dans le processus de vieillissement.

BROYAGE :

Traitement physique d'une matière solide ayant pour but de réduire les dimensions de ses constituants. Le broyage a comme effet d'augmenter les surfaces de diffusion, facilitant ainsi l'extraction de l'huile.

CONCASSAGE :

Opération qui consiste à briser seulement les téguments afin de faciliter leur enlèvement et qui s'effectue dans des appareils à rouleaux dentés ou cannelés.

CONCHAGE :

Affinage du chocolat destiné à mettre l'arôme en évidence, en portant le chocolat à la température désirée, et à obtenir - par friction et brassage prolongés et grâce à l'adjonction finale de beurre de cacao et de lécithine - une pâte moelleuse et onctueuse prête à être utilisée en chocolaterie.

Opération destinée à parfaire le malaxage et à favoriser l'aération de la pâte de cacao en vue d'éliminer les acides indésirables, de diminuer la taille des particules et d'enrober les particules non grasses. L'opération du conchage se fait ordinairement à une température douce et la saveur du chocolat est relativement peu caramélisée.

ÉMULSIFIANT :

Substance chimique facilitant la prise et la stabilisation des émulsions. Il existe des émulsifiants naturels (graines d'amandes, jaunes d'œufs, gomme arabique et gomme adragante, etc.) ainsi que des émulsifiants de synthèse, à savoir : - glycérides (mono et di-) des acides stéarique, palmitique, oléique et linoléique, ou leur mélange, - esters mixtes acétique et tartrique de mono- et di- glycérides des acides stéarique, palmitique, oléique et linoléique.

ENDORPHINES :

Substances polypeptidiques présentes dans diverses structures du système nerveux central. Nom donné à certains composés formés de quelques acides aminés, isolés d'extraits de cerveau et capables, les uns d'effets analgésiques, les autres d'effets tranquillisants ou excitants.

GLUCIDES :

Nom générique des hydrates de carbone alimentaires. Les glucides sont une source importante d'énergie pour les organismes vivants, directement utilisable (glucose) ou mise en réserve (glucogène, amidon). Les glucides entrent dans la constitution de molécules structurales fondamentales telles que les nucléotides et les glycoprotéines.

GRANULOMÉTRIE :

La granulométrie a pour objet la mesure de la taille des particules élémentaires qui constituent les ensembles de grains de substances diverses telles que farine, poudre, sable, etc., et la définition des fréquences statistiques des différentes tailles de grains de l'ensemble étudié.

HOMOGÉNÉISATION :

Action mécanique ayant pour but : - de stabiliser l'émulsion de matières grasses du lait pour éviter la séparation de la crème - de stabiliser le caillé lactique très hydraté pour obtenir une pâte lisse et homogène.

LIPIDES :

Nom générique des esters d'acides gras rencontrés dans les tissus vivants, de poids moléculaire élevé, et qui sont caractérisés par leur insolubilité dans l'eau et leur solubilité dans les solvants organiques (chloroforme, éther, alcool, etc.). L'organisme se procure des lipides à partir des aliments et peut aussi les synthétiser, entre autres, par la transformation de glucides.

MATIÈRE PROTÉIQUE :

Matière qui contient de l'albumine.

MONOINSATURÉ :

Se dit d'un acide gras dont les atomes de carbone sont liés par une seule liaison double et qui est associé à un taux de cholestérol sanguin peu élevé.

MOUTURE :

Traitement d'une matière, en général des graines, entre les meules d'un moulin. Par extension, le terme est utilisé pour désigner le produit ainsi obtenu même si maintenant, les grains sont broyés et non plus moulus.

POLYPHÉNOL :

Vaste groupe de composés, auquel appartiennent notamment les bioflavonoïdes, qui se trouvent dans un grand nombre de plantes et qui entrent dans la préparation de nombreux suppléments alimentaires vendus essentiellement pour leurs propriétés antioxydantes.

SÉROTONINE :

Amine provenant de la décarboxylation du 5-hydroxytryptophane et présente dans la rate, le tube digestif, les plaquettes sanguines. Au niveau cérébral, c'est dans l'hypothalamus que le taux en sérotonine est le plus élevé. Son rôle physiologique a été envisagé au niveau des centres nerveux en tant que médiateur chimique. Cette amine 5-HT (5-hydroxytryptamine), qui se rencontre dans les cellules du cerveau (au taux de 0,55 ug par g), en est libérée par action de la réserpine, et interviendrait dans l'action calmante de celle-ci.

TORRÉFACTION :

Traitement de la fève par la chaleur, produisant des modifications physiques et chimiques fondamentales dans sa structure et sa composition.

TEMPÉRAGE :

Opération qui consiste à amener la masse de chocolat jusqu'à une température uniforme lui conférant une forme cristalline stable permettant le moulage.

Opération de la fabrication du chocolat qui consiste à maintenir la pâte, après le conchage à une température voisine de son point de congélation (28 à 31°C); de cette manière, on obtient une bonne cristallisation et on évite que le beurre n'entre en surfusion.

THÉOBROMINE :

Alcaloïde principal présent à l'état naturel, dans les graines de cacaoyer, la théobromine exerce une action stimulante sur le système nerveux central, action analogue à celle de la caféine, mais moins puissante.

Montréal ✿

Feuillet
de circulation

MILE END

À rendre le

0 3 NOV ✿ '04		
07 DEC '04		
1 6 DEC ✿ '04		
0 3 MAR ✿ '05		
1 9 MAR ✿ '05		
0 8 AVR ✿ '05		
14 MAI '05		

06.03.375-8 (10-03) ✿

AGMV Marquis

MEMBRE DE SCABRINI MEDIA

Québec, Canada
2004